Conteo

Las estaciones

Heather E. Schwartz

Créditos de publicación

Rachelle Cracchiolo, M.S.Ed., *Editora comercial*
Conni Medina, M.A.Ed., *Gerente editorial*
Nika Fabienke, Ed.D., *Realizadora de la serie*
June Kikuchi, *Directora de contenido*
Caroline Gasca, M.S.Ed., *Editora superior*
Sam Morales, M.A., *Editor asociado*
John Leach, *Editor asistente*
Kevin Pham, *Diseñador gráfico*
Jill Malcolm, *Diseñadora gráfica básica*

Créditos de imágenes: Todas las imágenes de iStock y/o Shutterstock.

Library of Congress Cataloging-in-Publication Data

Names: Schwartz, Heather E., author.
Title: Conteo : las estaciones / Heather E. Schwartz.
Other titles: Counting. The seasons. Spanish | Estaciones
Description: Huntington Beach : Teacher Created Materials, [2018] |
Identifiers: LCCN 2018008954 (print) | LCCN 2018013543 (ebook) | ISBN 9781425830373 (ebook) | ISBN 9781425826925 (paperback)
Subjects: LCSH: Counting--Juvenile literature. | Seasons--Juvenile literature.
Classification: LCC QA113 (ebook) | LCC QA113 .S392518 2018 (print) | DDC 508.2--dc23
LC record available at https://lccn.loc.gov/2018008954

Teacher Created Materials
5301 Oceanus Drive
Huntington Beach, CA 92649-1030
www.tcmpub.com

ISBN 978-1-4258-2692-5

Printed in China
Nordica.102018.CA21801128

Cada año tiene cuatro estaciones. Son **invierno**, **primavera**, **verano** y **otoño**.

El invierno trae
tres meses de frío.
Construye un
hombre de nieve.
Monta un trineo.

La primavera trae tres meses de sol cálido.

Huele las flores.
Míralas crecer.

El verano trae tres meses de calor. Juega al aire libre. Monta una bicicleta.

°C
°F
50
120
40
100
30
80
20
60
10
40
0
20
10
0
20
20
30
40
40

El otoño trae tres meses de hojas que caen.

Toca las hojas.
Mira los colores.

Hay cuatro estaciones. Cada estación dura tres meses.

verano
otoño

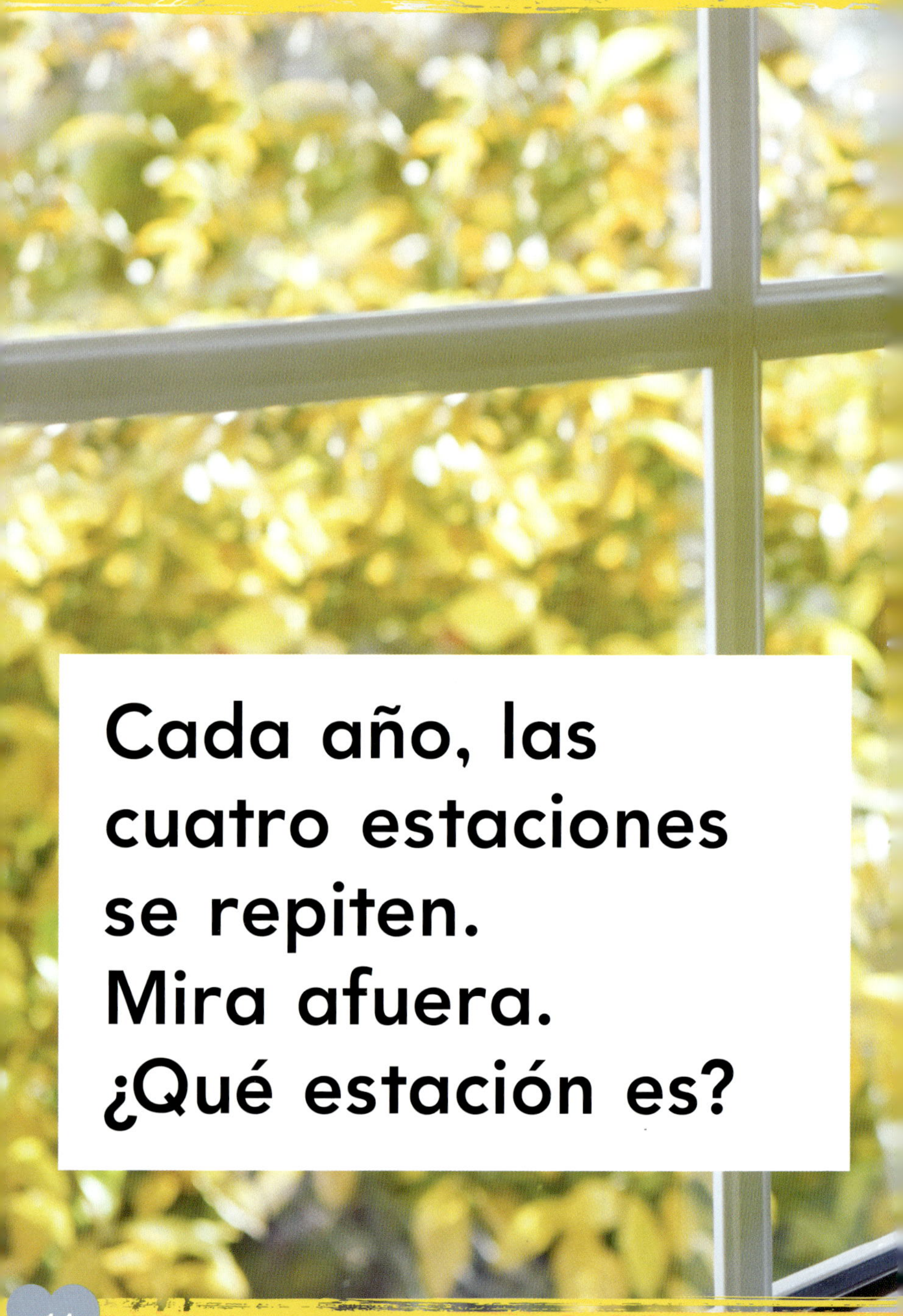

Cada año, las cuatro estaciones se repiten.
Mira afuera.
¿Qué estación es?

Glosario

invierno

otoño

primavera

verano